1/2

METTRAY EN 1846,

PAR AUGUSTIN COCHIN,

DOCTEUR EN DROIT.

(Extrait des *Annales de la Charité*).

SE VEND AU PROFIT DE METTRAY.

PARIS,
TYPOGRAPHIE PLON FRÈRES,
RUE DE VAUGIRARD, 36

1847

METTRAY EN 1846.

(Extrait des *Annales de la Charité.*)

L'utilité des colonies agricoles a vivement occupé, depuis quelques années, l'attention de ces hommes, grâce à Dieu, nombreux en France, qui passent leur vie à concevoir le bien qu'ils peuvent faire et à faire le bien qu'ils ont conçu. Dans leurs écrits, ils ont émis le vœu que de semblables institutions fussent établies, soit sur le continent, soit en Algérie (1), et ce vœu a été répété par des assemblées imposantes, des conseils généraux, des congrès agricoles. On a proposé d'y recueillir non-seulement des jeunes détenus, des prisonniers, des forçats même, mais encore des orphelins, des enfants-trouvés, des indigents(2). Une seule et même institution est ainsi devenue le remède proposé à des plaies diverses, la solution la mieux accueillie de problèmes multipliés et compliqués.

Ce désir de voir fonder des colonies agricoles est une suite naturelle du progrès qu'ont fait simultanément dans notre temps l'étude de l'agriculture d'une part, et, d'autre part, l'étude de la charité. Trouver du travail à ceux qui en manquent, utiliser des bras inoccupés, c'est le plus utile et le plus difficile emploi de la charité. Et la plus grande plaie de l'agriculture, c'est de manquer non-seulement de capitaux, mais de travailleurs, c'est d'être désertée pour l'industrie. Là des bras qui manquent de travail, ici un

(1) Article de M. de Carné, *Annales* de 1845, p. 137.

(2) En Autriche, Marie-Thérèse avait établi des colonies agricoles pour les vétérans. — Je n'ai point dessein d'examiner jusqu'à quel point il est désirable d'en voir fonder pour ces diverses classes d'individus.

travail pour lequel les bras manquent : deux vices sociaux auxquels on a voulu remédier, partiellement du moins, par le même moyen; et ce moyen, c'est la fondation de colonies agricoles. Elles tournent vers l'agriculture des forces inutiles et onéreuses, peut-être même dangereuses à la société; elles diminuent la population qui encombre les villes, et affaiblissent cette concurrence excessive qui, par un même coup, écrase deux fois les travailleurs en faisant en même temps baisser les salaires et hausser les denrées de première nécessité. L'agriculture est d'ailleurs, comme on dit, une industrie *de base* autour de laquelle se groupent nécessairement plusieurs autres industries qui lui servent d'auxiliaires; pour les aptitudes diverses de ceux qu'on y voue, il sera facile d'avoir des occupations diverses. C'est aussi une industrie pour laquelle il n'y a jamais de saison morte, jamais de surabondance de bras, jamais d'excès de produits. Ce n'est pas tout : la santé des habitants pauvres des villes s'y détruit et s'y perd (1); le travail des champs est plus sain, et prépare au pays des races plus fortes. C'est déjà beaucoup d'assurer aux classes malheureuses que nous avons énumérées de meilleures conditions de travail et de bien-être; mais le point urgent, essentiel, capital, c'est de les moraliser. Or, quelle influence plus moralisatrice que celle de l'agriculture? La fatigue salutaire du corps éloigne de l'esprit les mauvaises pensées, et force de prendre du repos à l'heure où dans les villes se lèvent le plaisir et le vice; les bienfaits qu'elle procure ne sont jamais obtenus au détriment de personne. Le besoin d'observer les caprices des saisons habitue à la prévoyance et à l'ordre; le spectacle et la jouissance continuelle des richesses de la terre élèvent l'âme vers notre bienfaisant Auteur. Je pourrais insister encore; mais j'en ai dit assez pour faire sentir quelques-uns des avantages gé-

(1) Un médecin distingué m'a affirmé que les familles d'ouvriers pauvres de Paris s'éteignent, en moyenne, après trois générations.

néraux des colonies agricoles, et expliquer l'insistance avec laquelle on demande au gouvernement d'en fonder de nouvelles. Il est encore une autre raison de ce vœu : c'est la vue du succès qu'ont obtenu et du grand bien qu'ont produit les colonies déjà établies, particulièrement celle de Mettray.

I. Mettray est assurément une des institutions sociales les plus remarquables et les plus utiles de notre temps et de notre pays. On me pardonnera d'entrer, à propos d'un établissement de cette importance, dans des détails assez complets sur son but, son régime, ses résultats (1).

Mettray est une colonie pénitentiaire de jeunes détenus; sa fondation se rattache à l'une des plus grandes questions que notre siècle ait à résoudre : celle de la réforme des prisons. Son fondateur est un des hommes qui se sont le plus constamment, le plus utilement occupés de cette question, M. Demetz, ancien conseiller à la cour royale de Paris. Chargé, avec M. Blouet, architecte, d'aller, en 1837, étudier les pénitenciers des États-Unis, il rassembla dans un volumineux rapport des détails complets et approfondis sur ces établissements; il put, par cet examen des faits les plus instructifs, confirmer ou rectifier ses idées sur le vaste problème dont nul mieux que lui n'était à même d'avancer la solution; et, par un rare bonheur, en même temps qu'il recueillait dans son esprit les éléments du grand projet dont Mettray devait être la réalisation, Dieu mit dans son cœur assez de dévouement pour l'exécuter. M. Demetz commença par s'assurer l'appui d'hommes moins distingués encore par leur haute position

(1) Je ferai de fréquents emprunts aux *Rapports* de MM. Demetz et de Brétignières (1840-1846), rapports simples, complets, remplis d'idées excellentes et de faits intéressants. — J'ai lu aussi avec intérêt : *Mettray*, par M. Cantagrel; *Essai sur les Institutions de bienfaisance*, par M. Gatian de Clérambault, chap. 3, etc. Plusieurs journaux se sont occupés de Mettray; la *Gazette d'Augsbourg* lui a consacré un article récent.

que par les éminentes qualités auxquelles ils la doivent. Grâce à son initiative, grâce à leur concours, la *Société paternelle* fut fondée, sous la présidence de M. le comte de Gasparin, pair de France. L'article 1er de ses statuts est ainsi conçu :

« La Société paternelle a pour but :

» 1° D'exercer une tutelle bienveillante sur les enfants acquit- » tés, comme ayant agi *sans discernement*, qui lui seraient » confiés par l'administration, en exécution de l'instruction minis- » térielle du 3 décembre 1832; de procurer à ces enfants, *mis* » *en état de liberté provisoire et recueillis dans une co-* » *lonie agricole*, l'éducation morale et religieuse, ainsi que » l'instruction primaire élémentaire; de leur faire apprendre un » métier, de les accoutumer aux travaux de l'agriculture, et de » les placer ensuite à la campagne, chez des artisans ou des cul- » tivateurs ;

» 2° De surveiller la conduite de ces enfants et de les aider de » son patronage, pendant tout le temps dont ils en ont besoin. »

Je n'ai assurément pas besoin d'insister sur la haute moralité et sur l'utilité sociale d'un pareil but, je veux seulement faire observer combien les membres de la Société paternelle agissaient d'une manière intelligente et logique. On a prodigieusement écrit, disserté, déclamé sur la réforme des prisons, sur le sort des criminels âgés et endurcis, sur le régime des bagnes et des maisons centrales; qu'on écrive, qu'on disserte et qu'on déclame plus encore, il est évident que, si on ne débute par s'occuper des jeunes délinquants, on aborde la question par le travers, et on oublie de commencer par le commencement. Il est utile de tâcher d'arrêter dans la voie du crime ceux qui s'y sont depuis bien long-temps engagés, mais il est plus nécessaire encore d'en détourner ceux qui n'y ont fait que les premiers pas.

Ce n'est pas seulement à une œuvre morale, utile, logique, que la Société paternelle s'adonnait, ce n'est pas seulement à un besoin du pays qu'elle satisfaisait; elle venait combler une lacune de la loi, remplir un devoir du gouvernement. Elle voulait, en effet, recueillir les enfants *acquittés* comme ayant agi *sans discernement*, mais que l'article 66 du Code pénal permet de détenir dans une maison de correction pour les *élever* pendant un certain nombre d'années. Tout le monde sait comment cette sage disposition était exécutée; si quelques-uns de ces enfants étaient placés en apprentissage en vertu de circulaires ministérielles peu anciennes (1), la majeure partie était enfermée dans ces maisons de *correction*, qu'on aurait bien plus justement appelées maisons de *corruption*, écoles mutuelles du crime, au double mépris de la loi et de la justice. Violation de la justice! car on ne condamne qu'un coupable; et de quoi ces enfants étaient-ils coupables? d'avoir commis un délit? mais ils étaient déclarés dépourvus de discernement; d'être vicieux et paresseux? mais ils n'ont ni le moyen de s'instruire ni la force de travailler; d'être vagabonds? mais un enfant a toujours le domicile de ses parents. Violation de la loi! car on transformait une mesure de police en condamnation pénale; on punissait un enfant *acquitté*; au lieu de *l'élever* on le corrompait. On faisait tenir au juge ce langage : cet enfant a commis un délit sans discernement; nous allons prendre tous les moyens pour qu'il puisse, lorsqu'il sera plus âgé, en commettre de nouveaux avec discernement. Et toutefois, ne valait-il pas mieux le retenir en prison que le remettre sur la voie publique? La fondation de Mettray délivre les magistrats de cette perplexité et la société de ce scandale; elle rend à la loi sa véritable signification.

L'article 1er des statuts de la Société paternelle donne suffisamment, à côté du but qu'elle se propose, l'indica-

(1) Circulaires du ministre de l'intérieur, de 1832, 1833, 1836; du ministre de la justice, de 1833. Voyez aussi celle de 1842. (*Rapports des directeurs*, 1843, p. 8.)

tion des moyens qu'elle veut employer. Ceux qui s'occupent des questions pénitentiaires se divisent en deux camps bien opposés. Pour les uns, tout système est bon lorsqu'il produit une grande intimidation, ce qui revient à dire que le plus tyrannique est le meilleur. C'est d'ailleurs, à leur avis, une vertueuse chimère que de prétendre réhabiliter les criminels; il est des natures vouées au mal; il faut chercher à les écarter, non à les guérir. Le corps social a, comme le corps humain, ses humeurs à décharger; il faut à la société des prisons, comme à un malade des exutoires, comme à une ville des égouts. On n'a plus de devoirs envers ceux qui n'ont pas respecté les leurs..... — Il est facile de voir que les fondateurs de Mettray sont du nombre de ceux qui tiennent un tout autre langage; se faisant une plus haute idée de la dignité de la nature humaine, ils prennent au sérieux la possibilité de sa régénération; le malade fût-il condamné, ils ne laissent pas de croire qu'il faut lui prodiguer leurs soins jusqu'à son dernier instant; en un mot, ils acceptent la sublime doctrine chrétienne, et jamais il n'a été dit qu'un chrétien ait désespéré d'une âme.

Si tel est leur point de vue, on doit s'attendre que la religion tienne à Mettray une place importante; elle est en effet la grande base et le principe fondamental du système qui y est suivi, comme nous le verrons. C'est un des fondateurs de Mettray, l'honorable M. de Tocqueville, qui a écrit ces paroles : « Nulle puissance humaine n'est com» parable à la religion pour opérer la réforme des crimi» nels, et c'est sur elle surtout que repose l'avenir de la » réforme pénitentiaire. » Sans la religion, comme l'a si justement exprimé un autre écrivain, on pourra arriver à la réforme des *prisons ;* sans la religion, on ne parviendra pas à la réforme des *prisonniers*. Mettray en servira de preuve.

Si Mettray parvient à rendre ses colons sincèrement religieux, il en fera à coup sûr des hommes dignes de reprendre une place dans la société; or, c'est là ce qu'il faut atteindre : les malheureux qui ont comparu devant les tribunaux sont à jamais exclus et chassés de ses rangs; l'opinion, plus sévère que la justice, fait durer l'opprobre après la peine, et ne pardonne seulement pas d'avoir pu être soupçonné. Les pauvres enfants eux-mêmes, qui, malgré leur acquittement, avaient été détenus dans des maisons de correction, auraient le plus souvent essayé en vain de rentrer dans la société, « plus coupable envers eux qu'ils ne l'ont été envers elle. » (*Rapport des directeurs*, 1842, p. 8.) Mettray veut les rendre à la société, et pour cela il leur donne les habitudes sociales et les forme aux devoirs sociaux. Il faut qu'ils ne soient pas des citoyens inutiles à eux-mêmes et à leurs semblables : aussi le travail le plus assidu leur est imposé, une instruction suffisante leur est donnée. La famille est le premier lien de la société : on leur inspire l'esprit de famille, et nous verrons avec quels ingénieux et quels puissants moyens. Ils trouveront dans la société le respect humain et la contagion du mal; on les habitue à l'influence de l'exemple, à l'émulation du bien. L'obéissance aux lois est la base de l'ordre social : les colons de Mettray sont soumis aux lois d'une discipline ferme mais juste et simple; car, pour qu'une loi soit exécutée, il faut qu'elle soit respectable par sa justice et facilement comprise par sa simplicité.

Dans la société ils seront libres, il faut donc les habituer à la liberté : point de force armée, point de murailles, point de verrous, point d'autre clef, comme on l'a spirituellement dit, que la clef des champs. Et c'est sous la garde de l'honneur que ce bon usage de la liberté, cette observation de la discipline seront placés. En s'adressant à ce sentiment, les fondateurs de Mettray ont fait preuve d'une remarquable connaissance de la nature humaine et du caractère particulier des Français. Il faut avoir atteint un certain degré de pureté pour consulter toujours sans hésitation les inspirations de la conscience et vivre suivant les lois désintéressées de la morale; les natures peu cultivées et de bonne heure perverties sont souvent presque sourdes à la grande voix intérieure; mais il est une corde toujours sensible qu'on peut encore faire vibrer, un sentiment irritable, et (qu'on veuille bien me passer ces termes) chatouilleux, susceptible, auquel on peut s'adresser; c'est une sorte d'alliance de la conscience et de la vanité, c'est l'honneur. Tel se soucierait à peine de s'entendre dire : « Ce que vous faites est un péché, » qui se révolte si on traduit : « c'est une lâcheté. » Tel ne regarde que comme un médiocre éloge : « ce que vous faites est moral ; » on l'enchante en disant : « Vous vous êtes conduit en brave. » A Mettray, on a su tenir compte et habilement profiter de cette disposition, qui s'allie d'ailleurs à merveille avec un régime militaire. « Pourquoi ne prenez-vous pas la fuite? » demandait-on à un colon. « Parce qu'il n'y a pas de murailles, et que ce serait *lâche*, » répondit-il.

Pratique de la religion, amour du travail, esprit de famille, émulation de l'exemple, culte de l'honneur, habitude de la discipline, bon usage de la liberté; tout le système pénitentiaire, toute l'influence moralisatrice de Mettray est dans ces grandes et simples idées. Il m'a semblé utile de les placer tout d'abord en saillie, et de donner pour ainsi dire la théorie de l'institution, avant d'exposer les difficultés extrêmes qu'il a été nécessaire de surmonter pour changer ces idées en faits, mettre à la place d'un système que l'on conçoit un établissement qui fonctionne, vit, se meut et durera.

II. Mettray a, comme un petit royaume, un territoire, des constructions, des finances, une administration, son personnel, ses lois; il a fallu tout fonder, tout organiser à la fois, non-seulement pour donner au système d'éducation correctionnel projeté ses parfaits développements, mais pour satisfaire un public impatient et incrédule, prompt à douter du succès si on le lui fait attendre. Que d'œuvres utiles ont échoué faute d'hommes qui veuillent d'avance se confier à leur avenir! Lorsque la charité fatigue de ses saintes importunités l'opinion publique, celle-ci répond : Réussissez, et je vous soutiendrai. En vain la charité s'écrie : Soutenez-moi et je réussirai; trop souvent elle échoue dans cet éternel cercle vicieux.

III. On conçoit que la question du terrain était une des plus importantes. La Providence tira M. Demetz d'embarras. M. le vicomte de Brétignières de Courteilles lui fit offre d'une propriété sise à Mettray, près de Tours, réunissant tous les avantages désirables. Ancien militaire distingué, condisciple de M. Demetz, éminent comme lui par l'intelligence et généreux par le cœur, occupé dès longtemps des questions pénitentiaires auxquelles il venait de consacrer un remarquable écrit (1), M. de Brétignières résolut de se dévouer aussi à la régénération des jeunes détenus. Ces deux hommes honorables comprirent qu'il fallait former leur établissement sur un terrain nu; ils savaient combien d'obstacles résultaient aux États-Unis et en France de l'appropriation d'anciens bâtiments à un usage différent de leur destination première; ils ne voulaient pas, comme ils le disent, que les murs leur fissent la loi. D'ailleurs, pour un système nouveau, il était besoin de dispositions nouvelles; le point capital était de donner aux détenus l'esprit de famille; or, il ne suffit pas pour cela de réunir 200 enfants dans la grande salle d'un ancien château et de leur dire : « Mes enfants, vous êtes en famille; » ils doivent recevoir non pas seulement l'idée, mais bien les habitudes de la famille; or, une des choses qui fondent la famille, c'est la cohabitation sous un toit domestique, près du foyer paternel, dans une maison de famille. On a fait aux colons de Mettray des *maisons de famille*. En cinq mois (1839), cinq maisons ont été con-

(1) *Les Condamnés et les Prisons.*

struites ; en dix mois les bâtiments achevés pouvaient contenir 120 enfants ; cinq autres maisons, la chapelle, le quartier de punition, des étables et des granges, une ferme complète, ont été successivement élevées. Les colons entrés dans la maison (1) pendant les premières années aidèrent à faire le nivellement des cours et à construire leurs habitations, premier moyen de les attacher au sol de la colonie. Chacune des maisons présente 12 mètres de longueur sur 6 mètres 66 centimètres, se compose d'un rez-de-chaussée et de deux étages.

La pièce du rez-de-chaussée sert d'atelier de différentes professions ; elle est, dans quelques maisons, divisée en quatre ateliers par une cloison assez basse pour qu'un seul surveillant placé au centre inspecte facilement chacune des divisions, assez haute pour que les enfants ne puissent pas se voir quand ils sont assis, ni communiquer ; l'air circule dans l'espace supérieur laissé libre, de manière à maintenir les ateliers à la même température, quel que soit le nombre des enfants employés dans chacun.

Au premier et au second étage, une salle, qui, par un système ingénieux, sert tour à tour de dortoir et de réfectoire, de salle de récréation pendant la pluie, et, au besoin, même de classe pour 20 enfants. Deux traverses, fixées par une charnière à une de leurs extrémités, sont dressées contre le mur, des deux côtés de la porte d'entrée. Veut-on préparer le réfectoire? les traverses sont abaissées sur des poteaux et partagent la pièce en deux divisions en laissant un passage au milieu pour les surveillants ; des planches rangées contre les murs latéraux sont fixées sur les traverses, et le réfectoire est prêt. Veut-on préparer le dortoir? au lieu des planches ce sont des hamacs, pliés le long du mur, qu'on étend, et qu'on accroche aux traverses. Les hamacs sont rangés parallèlement, mais de manière à ce que de deux enfants l'un ait

(1) Les neuf premiers furent reçus le 22 janvier 1840.

la tête vers le mur, l'autre vers la traverse; les conversations sont ainsi empêchées et la surveillance plus facile. Au-dessus de chacun est une case contenant les effets du colon qu'il doit tenir avec une grande propreté.

Au fond de la pièce est une petite alcôve fermée sur sa devanture par des lames de persiennes qui permettent d'observer sans être vu; c'est là que couche le *chef de famille;* il a sous sa surveillance deux sections de 20 enfants, et est secondé dans chacune par un *contre-maître* et un *frère aîné* choisi par les colons, ainsi que nous le verrons; les contre-maîtres font alternativement le quart pendant la nuit.

Chacune de ces maisons, contenant quarante-trois personnes, a coûté, y compris tout le mobilier, literie, vaisselle, etc., environ 8300 fr., c'est-à-dire 193 fr. par colon, ce qui porte le loyer annuel de chacun à 9 fr. 65 cent. (*Rapport des directeurs*, 1840, p. 13). Elles sont toutes distribuées de même, excepté deux, dont l'une sert de logement à M. l'aumônier, et l'autre contient le cabinet du directeur, et les bureaux d'administration. L'espace de 10 mètres qui sépare chacune des maisons est occupé par des hangars; ils servent de préau couvert pour les jours de pluie.

Ces dix maisons, simples, régulières, gracieuses, sont rangées aux deux côtés d'une cour spacieuse où se trouvent un bassin et des puits. C'est là que les enfants prennent leur récréation au retour des travaux. L'église occupe le fond de la cour. Qu'elle est belle cette église! Qu'elle est noble, qu'elle est inspirée! Simple et tout à la fois majestueuse, rustique et pleine d'élégance, elle fait éprouver une impression qu'on ne peut pas plus décrire qu'on ne saurait l'oublier.

Le nom de chacune des maisons, inscrit sur sa façade, est un témoignage de reconnaissance envers les bienfaiteurs de Mettray. Les noms d'Orléans, de Limoges, de

Tours, de Poitiers, de Paris, rappellent des dons collectifs de ces villes. Trois particuliers partagent le même honneur : M. le comte Léon d'Ourches, qu'une généreuse et opportune libéralité de 140,000 fr. doit faire appeler le troisième fondateur de la colonie ; l'excellent M. Giraud, ancien payeur-général du Morbihan, qui, venu un jour pour voir Mettray, n'en est sorti que plusieurs années plus tard après avoir organisé gratuitement toute la comptabilité, laissant à la colonie une maison fondée de sa modeste fortune, et, ce qui est plus encore, le souvenir ineffaçable de ses exemples et de ses leçons ; enfin, madame veuve Hébert de Rouen, qui, en retour d'un don de 10,000 fr., a demandé qu'un modeste monument fût élevé dans la chapelle à la mémoire d'une fille bien-aimée qu'elle a perdue ; Dieu ne lui a pas enlevé tout bonheur, puisqu'il lui reste le bonheur de donner. Ces noms, toujours présents à la vue des colons, ne s'effaceront pas de leur souvenir. Une pieuse et digne pensée a placé la maison des plus jeunes sous la protection du nom béni entre tous, de la sainte Vierge Marie, la mère des abandonnés ; sa douce image est entourée de fleurs et de verts feuillages qu'à chaque saison nouvelle les enfants suspendent à l'entour. Sur l'église enfin, au front du portique, sont écrits ces mots : *Maison de Dieu*, pour rappeler, disent les directeurs (*Rapport de* 1843, p. 28), que : « Si le Seigneur » ne met la main à l'édifice, c'est en vain que travaillent » ceux qui le construisent. » (Ps. 126, v. 1.)

De droite et de gauche de l'église s'élèvent deux maisons plus considérables que celles d'habitation ; elles contiennent une grande classe, un magasin d'instruments aratoires et de modèles, des logements d'employés ; par derrière, un corps de bâtiment entouré d'une cour murée faisant préau, renferme le quartier de punition. C'est une petite prison cellulaire attenante à l'église, dont elle forme le prolongement, de manière à ce que les enfants détenus puissent, sans sortir de leurs cellules et sans s'apercevoir entre eux, assister au service divin et voir le prêtre à l'autel : il suffit pour cela de tirer simplement un rideau (1). Autour du quartier de punition se trouvent les cours et les bâtiments de ferme, de très-belles étables, des granges, une porcherie, des écuries, une laiterie, etc. ; un peu plus loin le cimetière.

Il ne nous reste plus à indiquer qu'un seul bâtiment, placé en entrant dans la colonie, mais un peu à l'écart; on y a établi l'infirmerie, la lingerie, l'école de contre-maîtres, le logement des Sœurs, la cuisine, la buanderie, la boulangerie, etc.; devant, est la gymnastique; derrière, le jardin potager. Toutes les constructions que nous venons d'énumérer, et l'église surtout, font le plus grand honneur à l'architecte qui, avec un entier et bien louable désintéressement, en a conçu le plan et dirigé les travaux, M. Blouet, précédemment chargé, avec M. Demetz, d'aller étudier les prisons d'Amérique.

Telle est, dans son ensemble, la disposition des bâtiments de Mettray, qui contient maintenant plus de 400 détenus. Deux familles de colons habitent, depuis cette année seulement, dans deux fermes exploitées par la colonie : un incendie, allumé dans la ferme des Gaudières, mais bientôt éteint, a été l'occasion de cette mesure ; on a pensé que la surveillance d'un seul gardien n'était pas suffisante pendant la nuit. La Providence a su d'ailleurs, comme toujours, tirer le bien du mal : une petite colonie agricole a été ainsi fondée, et peut servir de modèle à d'autres établissements moins considérables que Mettray (2).

IV. La disposition matérielle des bâtiments d'un établissement pénitentiaire seconde plus qu'on ne pense l'ap-

(1) La même disposition existe dans le pénitencier cellulaire fort remarquable de Tours.

(2) Les *Annales de la Charité* ont déjà parlé de petites colonies analogues fondées en Bretagne, dans les fermes de Saint-Ilan, par M. Achille du Clésieux.

plication du système moralisateur qu'on veut y pratiquer; mais, après tout, la question du local est fort secondaire encore en comparaison d'une question bien autrement grave, le choix des agents. Il est bien pénible de le dire, le personnel des maisons centrales (qu'est-ce donc aux bagnes!) est le plus souvent détestable; peu de capacité et, ce qui est pis, point de moralité; une paire de moustaches, l'œil sombre, un sabre au côté ou des clefs en trousseau, voilà qui suffit, sauf d'honorables exceptions, pour être agent intérieur des prisons (1). Quel contraste avec les contre-maitres de Mettray! Un homme éminent, en visitant l'établissement, disait que l'institution de l'école des contre-maitres lui causait encore plus d'admiration que la colonie elle-même. Les directeurs ont su trouver et former des jeunes gens de familles honnêtes et aisées, qui ont regardé comme un honneur de se dévouer à une si belle œuvre; jeunes gens intelligents et instruits, religieux et moraux, disciplinés et patients : 23 furent réunis par MM. Demetz et de Brétignières, au mois de juillet 1839, et, pendant six mois, inspirés des principes, animés de l'exemple de ces généreux fondateurs.

De nouveaux élèves se sont réunis successivement aux premiers; ils se sont volontairement soumis à une règle presque aussi dure que celle des colons, qui, « sans être » celle du cloître, de la prison, du collége ou du régi» ment, participe cependant de toutes ces disciplines; » ils ont accepté de partager la vie, de porter non le costume même des détenus, mais un costume presque aussi humble (2); mêlés aux détenus, partageant leur vie, craints

(1) Il faut savoir gré au gouvernement d'avoir confié à des religieux la mission si importante de surveillants dans quelques maisons centrales, notamment à Fontevrault.

(2) Les détenus sont revêtus des guêtres, de la veste, du chapeau bas-breton, en toile grise. Outre que ce costume est économique et commode, il est assez caractéristique pour qu'un enfant qui tenterait de s'évader soit facilement reconnu.

pour leur sévérité, aimés pour leur justice, estimés pour leur capacité, ils trouvent le courage d'accomplir une si noble et si dure mission dans leur amour pour Dieu et leur attachement pour les directeurs. Les uns sont chefs de famille, les autres surveillants sous les ordres du chef, d'autres moniteurs dans la classe où l'on juge de leur aptitude, un certain nombre simples aspirants; ils sont réunis en une *École*, qu'a dirigée plusieurs années avec talent M. Ménot, et que dirige aujourd'hui avec autant de zèle que d'intelligence M. Blanchard, sorti lui-même de cette école; les contre-maîtres sont la cheville ouvrière de Mettray; ils y reçoivent d'ailleurs une éducation solide qui garantit leur avenir; plus tard placés dans la colonie, comme M. Mahoudeau, l'habile agent comptable, ou bien mis à la tête d'établissements analogues ou d'exploitations rurales, ils rendront au pays des services utiles; déjà leur école à Mettray est une véritable et remarquable école d'agriculture pratique où le gouvernement pourrait envoyer des élèves et fonder des bourses (1).

A côté de ces excellents surveillants, les directeurs ont eu l'heureuse idée de placer, pour seconder leurs chefs, *des frères aînés;* on donne ce nom à deux colons, nommés dans chaque famille et pour un mois, par leurs camarades: ingénieuse institution qui présente de nombreux avantages, image des idées de la famille, récompense honorable pour ceux qui en sont l'objet, témoignage de confiance qui satisfait les enfants, utile indice pour les di-

(1) « L'enseignement à l'école préparatoire de Mettray consiste dans l'étude de la religion, base de toute morale, de la langue française, de l'histoire nationale et de la géographie. Puis viennent l'arithmétique, la géométrie, le dessin linéaire, la comptabilité, la gymnastique, la natation, la musique vocale et instrumentale,... l'agriculture raisonnée, et les éléments des sciences qui s'y rattachent... De toutes parts, on demande à cette école des agents... »

(*Notice sur l'école préparatoire de Mettray*, 1846).

recteurs qui jugent, par le choix que font les colons, de l'esprit qui les anime.

Les chefs de famille, les sous-chefs, les frères aînés, tels sont les seuls surveillants de Mettray. J'oubliais que l'infirmerie, la lingerie et la cuisine sont sous la surveillance de sœurs de charité, ces anges que le ciel donne à la terre et que la terre donne au ciel.

V. Dans la demeure que nous avons décrite, au milieu de ceux dont nous venons de parler, quelle est la vie du colon?

Suivons-le dès le moment de sa sortie de prison.

C'est ordinairement l'un des directeurs qui va lui-même chercher les nouveaux colons dans les maisons centrales; et un grand nombre viennent de départements fort éloignés; cette distance est un avantage, puisqu'elle enlève complétement le détenu à ses habitudes, à ses mauvaises relations et le *déporte* en quelque sorte à l'intérieur. (*Rapport des Directeurs*, 1840, p. 18.) Le voyage de la maison centrale à la colonie commence à établir entre les enfants et leurs excellents guides des rapports de confiance et de familiarité; trois jours de route suffisent souvent pour faire connaître au directeur attentif les habitudes, les pensées, l'intelligence, les défauts de ceux qui lui sont confiés.

Dès l'arrivée du détenu à Mettray, on le place dans une famille et on l'emploie à l'agriculture ou à un atelier, en tenant compte de son âge, de sa force, et autant que possible de son aptitude particulière (1).

On fait aussi subir à l'enfant une sorte d'interrogatoire

(1) M. l'abbé Fissiaux, l'habile et zélé directeur de la colonie pénitentiaire de Saint-Pierre près Marseille, recommande, lorsque cela est possible, de faire apprendre ou continuer à l'enfant la profession de sa famille, *s'il en a une honnête*. Cette idée est bonne; le colon, après sa détention, sera ramené naturellement vers sa famille. Je n'ai pas lu dans les rapports des directeurs de Mettray qu'ils tinssent compte de cette circonstance; mais je sais trop ce qu'ils sont pour croire qu'elle leur ait échappé.

pour se rendre compte de son origine, de la faute qui l'a conduit devant les tribunaux, et de tous les détails enfin qui composent sa courte et souvent bien triste histoire. Ces renseignements sont inscrits sur un tableau où sera noté successivement tout ce qui concerne chaque colon, son séjour à la colonie, sa conduite et son placement après qu'il en est sorti. Ces tableaux sont déjà et deviendront encore davantage un document des plus curieux où la statistique puisera pour la morale plus d'une leçon.

Il apprend, par exemple, que sur 669 enfants passés à Mettray depuis sa fondation (1840-1846), 144 sont enfants naturels, 151 ont leurs pères dans les prisons, 90 sont d'un premier lit, et ont leurs pères ou mères remariés, beaucoup sont les tristes fruits du concubinage, un grand nombre sont orphelins et presque tous nés de parents plongés dans la plus extrême misère. (*Rapport*, 1843, 1846.)

C'est dans ce registre que j'ai lu l'interrogatoire suivant dont j'ai retenu non les termes, mais les faits :

Comment vous nommez-vous? — Ch ****

Quel âge avez-vous? — Sept ans.

Qu'est-ce qui vous a fait aller en prison? — Maman m'envoyait chaque nuit dans le jardin des maraichers, qui cultivent des légumes aux portes de Paris : je devais rapporter tant d'artichauts, tant de salades, etc., ou bien je ne mangeais pas et j'étais battu.

A quoi avez-vous été condamné? — A être retenu jusqu'à vingt ans.

Et votre mère? — A un an de prison.

De quelle maison venez-vous? — De C....

Comment vous y trouviez-vous? — Je *me sentais m'en aller*... je me croyais *fini*... etc.

On sera surpris, après avoir lu ces derniers mots, d'apprendre qu'un grand nombre d'enfants, dans les premiers jours de leur arrivée à Mettray, demandent instamment

2

d'être réintégrés dans les maisons centrales; là ils étaient autour d'un bon poêle avec des habits chauds, et tout au plus une navette à la main; là, pour leurs mauvaises paroles et leurs mauvaises actions, ils étaient plus libres et ne craignaient pas des punitions continuelles. Le plus souvent, les colons qui tiennent ce langage sentent bientôt le prix et la joie du travail; les plus récalcitrants ne résistent pas à quelques jours passés en cellule, et tous parviennent si bien à se faire au régime de Mettray, qu'à peine quelques-uns essaient-ils de s'évader; fait bien remarquable si l'on songe qu'il s'agit d'enfants habitués au vagabondage et que nulle muraille ne retient. Aucune des tentatives d'évasion n'a d'ailleurs été suivie d'effet.

Le colon, une fois classé dans une famille, quelle est sa vie de tous les jours?

A cinq heures en été, à six heures en hiver, lever, habillement, ablution, prière dans chaque section; jusqu'à huit heures travail; — une demi-heure pour le déjeuner et la récréation; — trois heures de travail; — une heure pour le diner et la récréation. — En été classe de deux heures, pendant la trop grande chaleur, puis travail de quatre heures. — En hiver, au contraire, travail de quatre heures et classe de deux heures à la lumière; — une heure pour souper, le chant du soir, la prière; — à neuf heures le coucher.

Quelques détails sur la nourriture, le travail, la classe.

Le travail et l'âge des enfants demandent une nourriture substantielle : ils reçoivent 750 grammes de pain par jour, deux fois par semaine du lard ou du bœuf, à un repas seulement, le reste du temps des légumes, de la soupe, etc. Il n'y a pas, comme dans les maisons centrales, de cantine.

Les enfants, tous réunis au son du clairon après leur lever, sont passés en revue par un des directeurs; les travaux sont distribués. Chaque section, sous la surveillance de son contre-maître et de son frère aîné, prend le pas et se rend à l'atelier ou aux champs. Ce mouvement s'exécute au son du clairon; il a ainsi plus d'entrain, plus de précision; les enfants s'habituent à la régularité militaire; combien n'est-ce pas important surtout pour les enfants destinés à l'agriculture! ils n'imiteront pas cette lenteur, cette nonchalance, défauts si habituels aux laboureurs de nos campagnes.

L'agriculture, nous l'avons déjà dit, est l'industrie importante de Mettray; chaque année elle y fait des progrès sous l'influence éclairée de M. le comte de Gasparin, président de la Société paternelle; l'exploitation s'étend; 203 hectares ont été pris depuis un an à ferme par la colonie, qui n'en exploitait que 12 primitivement; le produit brut de la dernière récolte, malgré des conditions très-défavorables, s'est élevé à 67,000 fr. pour un fermage de 11,560 fr.; résultat d'autant plus remarquable qu'il a été obtenu à l'aide d'ouvriers jeunes, faibles, mal habiles, souvent renouvelés.

Lorsque le travail des champs est impossible, les enfants sont occupés à casser des pierres sous les hangars : on les rend ainsi capables de devenir cantonniers et même piqueurs. En 1843, 900 mètres de route ont été confectionnés par les colons.

La culture des mûriers et la magnanerie a été naturalisée à Mettray; on a pensé qu'il était utile de propager une branche d'industrie pour laquelle la France paye annuellement à l'étranger plus de 60 millions.

Un certain nombre d'enfants est employé à l'horticulture, industrie beaucoup trop négligée en France; il semble, en vérité, qu'on regarde comme de luxe une profession qui nous donne les fruits et les légumes, c'est-à-dire la moitié de l'alimentation ordinaire.

Pour indiquer les autres métiers, nous ne saurions mieux faire que de reproduire le tableau qui en est dressé dans le rapport de 1846, page 20. Sur 412 enfants présents il y a :

Agriculteurs. . .	276	c'est-à-dire près des deux tiers.
Jardiniers. . . .	31	
Charrons	18	
Forgerons. . . .	12	
Maréchaux . . .	10	
Sabotiers	14	
Menuisiers . . .	12	
Tailleurs (1). . .	18	
Cordonniers. . .	12	
Maçons	6	
Voiliers (2) . . .	3	

Il me reste encore de trop nombreux détails à donner pour qu'il me soit permis d'insister comme je le voudrais sur la manière dont travaillent les colons.

On est frappé en entrant dans les ateliers ou en parcourant les champs, de la gaieté et tout à la fois de l'attention des travailleurs; presque jamais de murmures, de résistance, de désobéissance ; ces excellents résultats sont dus en grande partie à la surveillance active, aux encouragements amicaux, à l'exemple des contre-maîtres et des chefs d'atelier. On a d'ailleurs excité l'entraînement de l'émulation parmi les colons avec autant d'habileté que de moralité. Une partie des travaux sont donnés à tâche, et les colons mettent leur amour-propre à se rendre dignes de ce témoignage de confiance. On leur fait aussi regarder comme un honneur d'être utiles à leurs camarades et surtout à leurs maîtres; aussi n'emploie-t-on aux travaux détachés, aux soins de la cuisine, de la boulangerie, du jardin potager, au service de la table des contre-maîtres

(1) Peu d'enfants restent tailleurs; mais ils ne quittent pas cet état avant de savoir au moins raccommoder leurs habits; habitude bien utile aux pauvres gens.

(2) Ce sont des enfants des bords de la mer qui veulent être marins; ils sont d'ailleurs utiles à la maison pour la confection des hamacs.

que les colons dont la conduite a été la meilleure. De temps en temps des concours ont lieu dans les ateliers entre les travailleurs; les enfants se donnent les places entre eux, et les premiers reçoivent une petite rétribution pécuniaire.

La même émulation est entretenue dans la classe. Nous avons vu que les colons y passent seulement deux heures par jour; on ne veut pas les fatiguer, on ne cherche d'ailleurs qu'à leur donner l'instruction élémentaire proportionnée et relative à l'état qu'ils sont destinés à occuper un jour. Tous les enfants étaient d'abord réunis dans une seule classe, disposée avec le plus grand soin, et instruits par l'excellente méthode mutuelle; mais les directeurs ont facilement remarqué que cette méthode laisse à l'instituteur peu d'influence morale sur chacun des enfants, il n'est plus en quelque sorte que le rouage moteur d'un mécanisme : aussi ont-ils joint à la méthode mutuelle la méthode simultanée, et ils trouvent grand avantage à faire faire les classes par chambrées. Les enfants sont encore réunis dans la même classe pour certains exercices, on y proclame le dimanche les places qu'ils se sont données.

Le dimanche! ai-je besoin de dire qu'il est observé, qu'il est sanctifié à Mettray! Mais comment interrompre le travail, éviter le désœuvrement? Il faut obéir à la grande et divine loi du repos, il faut en même temps conserver aux colons cette activité qui est la sauvegarde de leur bonne conduite; il faut ne pas perdre de vue cette règle d'un Père de l'Église qu'ont adoptée les directeurs : *Que le démon nous trouve toujours occupés à quelque chose d'utile* (*Rapport*, 1845, p. 20). L'emploi du dimanche, dans les maisons centrales, est un des grands embarras des directeurs; à Mettray, il n'y a pas une heure de ce jour qui ne soit remplie d'une manière utile.

Les offices sont régulièrement célébrés, et les enfants

y assistent avec un recueillement qui témoigne de la sincérité des sentiments qui les animent; car leur cœur est touché par l'excellent exemple de leurs directeurs, de leurs contre-maitres, de tous les employés de la maison; leur esprit est convaincu par les leçons simples et substantielles qu'ils reçoivent, presque à chaque heure du jour, et particulièrement le dimanche. Ce jour là, après la messe, une instruction d'une heure leur est adressée par leur digne aumônier, M. l'abbé Gatian Brault, homme plein de zèle, de tolérance, de charité. Une autre instruction leur est faite par l'un des directeurs dans le cours de la journée. Oh! comment les préparer mieux aux rigueurs d'une existence humble et pénible, au poids des mauvais jours, qu'en leur faisant connaître, qu'en leur faisant aimer Celui dont la vie sera leur modèle, la mort leur espoir, la grâce leur soutien; Celui qui a dit à leurs protecteurs : Allez, et ne désespérez pas; *ce n'est pas la volonté de votre Père qui est au ciel, qu'un seul de ces petits périsse* (1).

C'est encore de la bouche de leurs directeurs et de leur aumônier qu'ils apprennent ces nobles sentiments, l'amour fraternel des hommes, le dévouement à la patrie, le culte de l'honneur; voilà ce qu'on leur enseigne en des termes qui partent du cœur et qui vont au cœur.

Les offices et les instructions n'occupent qu'une partie des dimanches; on veut qu'ils soient peu longs, aussi bien que les prières du matin et du soir; en augmenter la durée serait en diminuer l'influence.

C'est aussi pendant le jour du repos qu'ont lieu des exercices de musique vocale (2) et même instrumentale; on sait l'excellente influence de la musique, plaisir à la fois si vif et si pur; cette influence se fait sentir à Mettray.

(1) *Non est voluntas ante Patrem vestrum qui in cœlis est, ut pereat unus de pusillis istis.* (MATT., XVIII, 14.)

(2) D'après la méthode Wilhem.

Si on apprend à quelques colons à jouer de quelques instruments de cuivre, ce n'est pas, comme on l'a prétendu, un luxe et un agrément inutiles; la discipline en profite, les mouvements gagnent à être exécutés en mesure, et cette mesure n'est possible qu'avec le son des clairons. Plus tard d'ailleurs les colons pourront être placés à la campagne ou à l'armée; à la campagne, un colon qui aura appris à jouer passablement d'un instrument de cuivre sera utile à l'église; par là il accroîtra son gain, par là il sera mis en bons rapports avec le curé, par là il assistera aux offices; à l'armée, il trouvera un meilleur placement. On le voit, il y a là une pensée d'avenir; dans toute bonne institution, comme dans la nature, *rien n'est en vain.*

Les exercices gymnastiques occupent une partie du dimanche; le corps s'y fortifie, s'y développe et en reçoit cette fatigue salutaire qui chasse les mauvaises pensées et produit le bon sommeil. Les colons sont particulièrement exercés au service des pompes à incendie, sous l'excellente direction de M. Hubert; ils pourront par la suite rendre de grands services en cas d'incendie, et déjà, dans plusieurs circonstances, ils ont aidé à en éteindre dans les campagnes voisines de la colonie; on n'emploie à ces missions de dévouement que les colons dont on est le plus satisfait; il faut qu'ils sachent que servir ses semblables est un honneur et une récompense.

VI. Ce dernier fait, aussi bien que d'autres que nous avons précédemment cités, donnent la mesure de l'admirable discernement avec lequel les directeurs savent décerner des récompenses, qui sont à la fois des enseignements moraux; et nous sommes naturellement amené à parler du système pénal de Mettray, sanction et appui de la discipline qui y est suivie; ce n'est encore qu'en passant que nous avons indiqué ce point important, le réservant à dessein.

La discipline, à Mettray, est et doit être très sévère:

la moindre infraction est punie. Mais il faut, pour qu'une loi pénale soit bonne, qu'elle soit assez juste pour convaincre en frappant, assez sévère pour intimider avant que de frapper, assez humaine pour corriger celui qu'elle frappe. Les colons trouvent les punitions en général justes; car une partie des délits est jugée par leurs camarades, les directeurs se réservant seulement d'adoucir la punition. Lorsqu'une infraction grave est commise, le contre-maître a ordre d'envoyer le détenu à la *salle de réflexion*, sorte de salle de dépôt où il reste quelques instants avant de recevoir la visite du directeur; pendant ce délai, l'enfant s'apaise, le directeur prend ses renseignements, et la punition, si elle est méritée, n'est jamais reçue sous l'empire de l'irritation. Les punitions sont sévères; en voici l'échelle :

Radiation du tableau d'honneur;
Retenue;
Corvée;
Pain noir et eau;
Cellule claire;
Cellule obscure;
Réintégration à la maison centrale.

De toutes ces punitions, les directeurs remarquent que la plus efficace est l'encellulement (1). Les détenus mis en cellule y sont employés à frapper des têtes de clous, occupation qui met en mouvement leurs bras et leurs jambes, ou, pendant leur sortie quotidienne, à casser des pierres; on a rejeté bien loin ces odieux procédés du *tread-mill* et du *crank-mill* anglais, qui usent l'activité des détenus, comme ils le disent, à *moudre le vent*.

L'instituteur fait à tous les détenus en cellule une leçon commune par l'ingénieux procédé Villars, pratiqué

(1) On sait que, par les soins de M. le préfet de police, le pénitentier des jeunes détenus à Paris a été entièrement organisé selon le système cellulaire.

par son auteur avec succès dans le pénitencier de Paris. Les directeurs, et surtout l'aumônier, font de fréquentes visites aux détenus; la conscience rendue à elle-même, la voix puissante de la religion, le besoin de la liberté, opèrent sur les natures les plus indomptables d'étonnants effets. Les colons le sentent eux-mêmes; « nous préférerions des coups, » ont dit quelques-uns après être sortis; « mais la cellule nous vaut mieux. » (*Rapport de* 1841, page 29.)

Si l'on punit avec rigueur, on doit aussi récompenser à propos. Nous avons vu comment on avait donné pour prix au travail le travail même en confiant certains services aux meilleurs colons; nous avons vu qu'on entretenait l'émulation en laissant les colons se décerner entre eux des places; on établit aussi une sorte de concours entre les diverses familles, en récompensant celles où il n'y a pas eu de punition pendant une semaine. Mais le principal encouragement, le plus désiré, le plus aimé, c'est l'inscription au *tableau d'honneur;* il faut, pour y figurer, être trois mois sans punition: c'est l'ordre du jour, le bulletin d'armée, le livre d'or de la colonie.

VII. Ce travail est déjà trop étendu, et je n'ai pas fini; qu'on me pardonne d'être si long, car, si je voulais écrire tout le bien que je pourrais dire de Mettray, je serais plus long de beaucoup. J'ai d'ailleurs en ce moment à parler des résultats obtenus, et c'est, on le conçoit, le plus intéressant. Des faits, des faits! voilà ce qu'on désire avant tout : on veut juger l'arbre à ses fruits; on ne tolérerait pas quelques lignes de plus s'il s'agissait du tableau de quelque idéale république, mais l'on voudra bien souffrir quelques pages encore pour apprendre les résultats d'une œuvre dont on connait déjà le but si louable, les moyens si excellents.

Les détenus sont-ils devenus, pendant leur séjour à la colonie, plus sains de corps, plus instruits, plus moraux, plus religieux ? Après leur sortie, ont-ils persévéré ? Des chiffres et des faits répondront de la manière la plus satisfaisante.

Presque tous les enfants arrivent à Mettray dans un état de santé pitoyable; beaucoup ont reçu en naissant une mauvaise constitution; le régime malsain, et surtout les habitudes immorales en ont gangrené un grand nombre; quelques-uns sont passés de la voiture cellulaire à l'infirmerie, pour n'en pas sortir. Cependant, grâce à un meilleur régime, à de meilleures habitudes, grâce aux bons soins de MM. les docteurs Morand et Anglada, il n'est mort à Mettray que 21 enfants, savoir :

En 1840,	2	sur 102
En 1841,	5	sur 113
En 1842,	4	sur 160
En 1843,	4	sur 187
En 1844,	2	sur 289
En 1845,	4	sur 345
Total	21	

Sur ces 21, trois seulement avaient plus d'un an de séjour à la colonie. Les causes des décès ont été :

Phthisies.	10
Scrofules.	6
Fièvres cérébrales .	4
Fièvre scarlatine . .	1

Les colons ont un cimetière : chacun de ceux qui meurent est déposé dans une fosse, que les frères aînés de la famille sont chargés d'entretenir avec respect. Tous les enfants assistent aux funérailles, ils sont particulièrement touchés de cet honneur rendu à leurs camarades; dans les maisons centrales, ils savaient que les corps étaient portés aux fosses communes, et souvent ailleurs.

C'est encore une occasion pour les directeurs de leur adresser quelques simples et touchantes paroles qui gravent dans l'intelligence l'impression que la pompe funèbre produit sur l'imagination. On le voit une fois de plus, aucune occasion n'est omise de réveiller dans ces jeunes âmes le sentiment religieux. Aussi reprend-il le plus souvent son bienfaisant empire. Les enfants ne sont admis à la première communion que lorsqu'ils sont suffisamment instruits, sans considération d'âge; les instructions continuent après la première communion, qui n'est pas, comme il arrive trop souvent dans la classe des ouvriers, la dernière.

C'est sans hypocrisie, sans affectation, sans provocation que les enfants s'approchent de la table sainte : l'aumônier s'est interdit d'obtenir jamais la rémission d'une seule punition; mais les fautes diminuent d'une manière notable à l'approche des solennités de l'Église (*Rapport de* 1845, p. 10). Des colons demandent spontanément à recevoir les sacrements; ils savent cependant que dans la semaine qui suit l'accomplissement de ce grand acte toutes leurs fautes sont punies d'une peine double (*Rapport de* 1846, p. 18). C'est bien librement aussi que plusieurs portent sur eux des médailles de la Sainte Vierge ou d'autres signes de religion; et l'alliance du sentiment religieux avec le sentiment de l'honneur se peint d'une manière singulière dans un petit détail qui m'a frappé : au-dessus des cases de plusieurs, dans les chambrées,

> Entre la Bonne Vierge et le buis de l'année,
> Quatre épingles au mur fixent Napoléon!

A côté de l'image de la mère qu'ils aiment, l'image du héros qu'ils admirent!

C'est surtout dans la conduite des colons qu'il faut suivre et apprécier l'excellent effet de la religion et de la discipline sur leurs âmes; il serait inutile qu'ils devinssent chrétiens, s'ils ne devenaient pas à la fois meilleurs.

A Mettray, s'il y a du respect humain, il est tout au profit du bien; grâce à l'esprit de corps qui anime les enfants, ils se trouvent déshonorés par une mauvaise action. On a vu une famille forcer un de ses membres de rendre un livre qu'il avait reçu en récompense, parce qu'il s'était depuis mal comporté; une autre fois, une famille a demandé l'expulsion d'un colon qui la dégradait par sa conduite.

Lors des désastres causés aux environs de Lyon par les inondations, un des directeurs dépeignit aux détenus l'affreuse détresse des victimes: les détenus offrirent de leur donner une partie de leur *masse;* ils voulurent se priver d'un de leurs repas, pour que le prix en fût versé dans la souscription. Un seul refusa, et il fut condamné à manger seul sa part, au bout de la table, au milieu de ses camarades. Bien d'autres traits pleins d'intérêt sont cités dans les Rapports des directeurs; qu'il me soit permis d'en choisir un seul dans celui de 1841, page 19 :

« Le digne abbé Fissiaux, qui est à la tête de la colonie de Marseille, en visitant Mettray demanda aux colons de lui désigner les trois meilleurs sujets. Les regards se portèrent aussitôt sur trois enfants que leur conduite irréprochable mettait hors ligne.

» Il tenta une épreuve plus délicate : « Désignez-moi, » dit-il, « le plus mauvais sujet. » Tous les enfants restèrent immobiles; un seul s'avança d'un air piteux, et dit bien bas : *C'est moi.* « Mon ami, » lui répondit l'abbé en l'embrassant, « ta démarche me prouve que tu te trompes, et je ne t'en crois pas sur parole. » Depuis ce temps cet enfant se conduit assez bien, et c'est déjà beaucoup comparativement au passé. »

Plus de moitié des enfants figurent sur le tableau d'honneur, où l'on n'est inscrit qu'après trois mois passés sans punition ; plusieurs y figurent pour la quatrième et même sixième fois, ce qui prouve qu'ils n'ont mérité aucune punition pendant neuf, quinze et dix-huit mois ; enfin, quelques-uns y sont restés inscrits tout le temps de leur séjour à la colonie.

Sous le rapport de l'instruction élémentaire, les résultats ne sont pas moins satisfaisants. Sur 669 enfants entrés à Mettray (1840-1846), 350 sont arrivés complétement illettrés et ont appris à lire ; 304 ont appris l'écriture et le calcul. Déjà nous avons donné la liste des métiers qui leur ont été enseignés.

VIII. Ces résultats sont admirables, mais ils ne suffisent pas. Il est impossible que les colons, tant qu'ils restent à Mettray, ne soient pas touchés, régénérés, améliorés par cette discipline régulière, par ces soins incessants, par ces exemples et ces leçons de chaque jour. Laissez-les rentrer dans la société, c'est là qu'il faut les suivre, libres, exposés aux mauvais conseils, aux tentations coupables : les avez-vous faits assez forts pour persévérer? vaudront-ils mieux que les libérés, qui sortent de prison pour trouver de nouveaux complices et se livrer à de nouveaux méfaits? Racontez-nous leur histoire ; la voici :

197 enfants sont sortis de Mettray ;

155 ont été placés où sont revenus dans leur famille ;

39 sont au service militaire : 24 dans l'armée de terre, 15 dans la marine.

Sur ce nombre de 197,

173 sont restés irréprochables ;

4 ont échappé à la surveillance,

12 sont tombés en récidive.

La moyenne des récidives est donc de 6 p. 100 ; elle serait moindre encore, s'il ne fallait pas mettre en liberté des enfants âgés quelquefois à peine de douze ans.

La statistique de la justice criminelle ne donne pas le nombre des récidives parmi les jeunes détenus sortis des maisons centrales ; qu'on sache seulement que dans le Wurtemberg, où 1,800 enfants sont entretenus dans les maisons d'orphelins soutenus par l'État, la moyenne des enfants qui tournent mal est de 25 p. 100 (*Rapp.* 1846, *p.* 24).

Ces chiffres sont significatifs : mieux que de longs discours, ils témoignent de la valeur et de l'effet du système suivi à Mettray. Il faut attribuer une partie de ces excellents résultats à la vigilante sollicitude avec laquelle les directeurs et la Société paternelle continuent de patroner les colons. Rien n'est négligé pour les mettre en rapport avec des personnes honorables; et cela n'est pas difficile, car de nombreuses demandes sont adressées aux directeurs, qui peuvent choisir les placements. Rien n'est négligé en outre pour les maintenir en relation avec ceux auxquels ils doivent tant. Qui ne connaît le danger de ces associations occultes que contractent ordinairement les libérés quand ils se rencontrent, espèces de *compagnons* du crime, unis pour livrer la guerre à la société ? Les anciens détenus de Mettray sont associés aussi, associés pour le devoir, associés pour la vertu. Ils se sont promis entre eux que le premier qui s'établirait prendrait pour enseigne : *Au Colon de Mettray.* Tous ceux qui se sont bien conduits pendant deux ans reçoivent des directeurs un anneau symbolique, qui porte cette belle devise : *loyauté passe tout.* Un tableau détaillé, suspendu dans les classes de la colonie, contient les noms, la demeure, la profession des enfants placés, et les notes qui sont transmises par les patrons sur leur conduite ; ces notes sont lues aux colons pour leur servir de modèles ou de leçons : la crainte et l'espoir de voir leur nom et leur vie connus par tous les colons exerce en même temps sur ceux qui sont placés la plus salutaire influence. Souvent le dimanche, les colons placés dans le voisinage viennent à Mettray, pleurent en voyant le clocher de la colonie et en embrassant MM. Demetz et de Brétignères, leurs sauveurs après

Dieu ; ils veulent partager pendant un jour la vie de leurs anciens camarades. L'un d'eux, marié, y a amené sa femme. Ceux qui sont plus éloignés écrivent souvent aux directeurs, et ces lettres sont lues aux colons, comme en famille on lit des nouvelles d'un frère : « Écoutez bien ce » que vos directeurs vous disent, » écrivait l'un d'eux ; « on ne vous trompe pas à la colonie, c'est quand on est » sorti qu'on a regret, et qu'on sait combien on a de la » peine à gagner sa vie. » (*Rapp. de* 1846, *p.* 17.)

Les fondateurs de Mettray peuvent livrer avec confiance de tels résultats à l'examen des plus incrédules ; on peut nier des idées, on ne saurait nier des faits ; et quand ces faits sont la suite de certaines idées, il faut bien, si la conséquence est bonne, qu'on trouve bon le principe ; il faut bien qu'on reconnaisse, par une preuve aussi éclatante, la possibilité de régénérer les détenus, de réformer les criminels, en même temps que l'excellence de la religion, de la discipline et du travail pour arriver à ce noble but. Ai-je besoin d'insister aussi sur la haute portée sociale des résultats obtenus? Faire du bien à quelques pauvres enfants abandonnés, ce serait beaucoup sans doute ; mais rendre service à la société tout entière, c'est plus encore. Or, la société a besoin d'hommes sains, moraux, disciplinés pour son armée, d'hommes actifs, intelligents, honnêtes pour son agriculture : voilà ce que Mettray lui rend à la place d'enfants viciés, malsains, ignorants, voués à la misère et au vice, qu'elle lui avait confiés !

IX. Nous avons essayé, dans les pages précédentes, de donner une idée aussi complète que possible de l'établissement de MM. Demetz et de Brétignères ; on connaît le but qu'ils se sont proposé, les moyens qu'ils ont employés, leurs succès et leurs espérances. Tout n'est point dit encore cependant. C'est le propre d'une œuvre importante d'exciter de vives attaques et des éloges non moins vifs ; il manquerait quelque chose à Mettray s'il n'avait été critiqué ; on ne prend pas la peine de combattre ce qui est sans valeur. A côté d'objections sérieuses, de calomnieuses imputations ont été produites ; aux premières seulement il faut répondre. Les unes sont des critiques de détail, et quelques mots suffiront pour les examiner ; celles qui sont plus graves et plus générales viendront après.

X. On a dit que les enfants ne resteraient pas à Mettray, ils y sont restés ; qu'ils n'y deviendraient pas meilleurs, ils sont devenus meilleurs ; qu'à leur sortie, ils retomberaient dans leurs funestes habitudes, presqu'aucun n'y est retombé. Autant de prédictions, autant d'erreurs ; il n'y a ici rien à ajouter aux faits, dont la réponse est éloquente.

XI. On a reproché aux fondateurs de Mettray, dès la première année de leur fondation, d'avoir établi leur colonie dans une des plus riches contrées de la France, dans un pays fertile et bien cultivé. On aurait voulu que les colons, en entreprenant des travaux difficiles et presque abandonnés, compensassent, autant que possible, le préjudice qu'ils ont pu causer à la société par leurs fautes, la dépense qu'ils lui occasionnent par leur entretien. Peut-être suffirait-il de répondre qu'on a choisi le terrain que la colonie occupe parce que ce terrain a été offert, avec une admirable générosité, par son propriétaire ; mais à coup sûr les fondateurs n'auraient pas accepté cette offre, si le terrain donné n'avait réuni toutes les conditions les plus avantageuses pour le succès de leur fondation ; c'est à dessein qu'ils l'ont choisi riche, fertile (1) ; comment leur en faire un reproche ? Ils ont pour travailleurs des enfants faibles, mal habiles, mal disposés ; et l'on voudrait que la mauvaise volonté et la faiblesse réus-

(1) Il ne faut pas cependant s'exagérer *cette fertilité* : « Nous avons loué, dit M. de Gasparin (séance du 10 mai 1846), des terres d'une *nature médiocre*,... appauvries. »

sissent là où la bonne volonté et la force renoncent! Les lecteurs de ce recueil se rappelleront que cette circonstance a été l'une des causes de la ruine des colonies de Belgique et de l'insuccès des colonies de Hollande (V. *l'excellent travail de M. le comte Paul de Thury, Annales de* 1845, p. 457, 521, 661). Pense-t-on, disent les directeurs, que ce soit en présentant à de faibles enfants l'agriculture dans ses conditions les plus rudes et les plus ingrates qu'on puisse la leur faire prendre en goût? Pour que le travail exerce une heureuse influence sur eux, il faut que leurs yeux soient frappés par de prompts résultats. Des travaux lents et stériles n'enfanteraient que le doute et le découragement. J'ajoute que la fertilité du terrain qu'on a choisi peut seule permettre à la colonie de produire tout ce qui est nécessaire à sa consommation. Cette économie sera la meilleure réponse à un second reproche que nous allons examiner.

XII. On trouve généralement que Mettray coûte trèscher : l'État a autorisé les départements à accorder 80 c. pour prix de journée, et 80 fr. de trousseau par enfant; les subventions des ministères, les souscriptions des particuliers, la libéralité de M. le comte d'Ourches ont mis des sommes importantes à la disposition de la colonie, qui bénéficie encore des produits des terres louées, etc.; les recettes de 1839 à 1845 ne s'élèvent pas à moins de 1,179,550 fr. 36 c.; et cependant chaque colon coûte encore par tête et par journée 1 fr. 32 c. 9/10, tandis que les jeunes détenus des maisons centrales reviennent seulement à 1 fr. 17 c.; et les recettes ordinaires sont encore au-dessous des dépenses ordinaires de plus de 23,000 fr. (*Rapport des finances de* 1846).

Ne pourrait-on pas dépenser moins, économiser plus, rendre le travail des enfants plus lucratif, le personnel moins nombreux, etc., telles sont les questions fort naturelles que suggère l'examen superficiel des dépenses de la colonie. Je me les suis adressées à moi-même, les premières fois que j'ai visité Mettray; je me suis convaincu que j'avais tort (1); voici par quelles raisons : La somme de 1,100,000 n'a pas été employée à entretenir la colonie, mais bien à la fonder tout entière. Il faut donc en déduire le capital immobilier et mobilier, dont les dépenses productives ont mis Mettray en possession. Or, cette somme est de *près de la moitié* de la somme totale ; avec l'autre moitié on a soutenu pendant cinq ans et demi un établissement qui en est arrivé à contenir aujourd'hui plus de 400 jeunes détenus, 12 élèves, 74 employés, et à affermer plus de 200 hectares. La somme paraît déjà moins exagérée ; elle le serait encore trop assurément, si on avait négligé de faire des économies possibles. Mais qu'on prenne la peine de lire les excellents rapports de l'honorable M. Gouin, qui s'est fait le ministre des finances de Mettray; chaque année on verra une notable économie se produire. La colonie avait, pour combler l'excédant de ses dépenses ordinaires, à demander aux souscriptions :

0,48 c. par enfant en 1842; elle ne demande plus que
0,31 c. en 1843 ;
0,28 c. en 1844 ;
0,18 c. en 1845.

Le colon coûte 1 fr. 72 c. par journée et par tête en 1841, il ne revient plus qu'à 1 fr. 45 c. en 1842 ;
1 fr. 41 c. en 1843 ;
1 fr. 34 c. 1/3 en 1844 ;
1 fr. 32 c. 9/10 en 1845.

(1) Un homme éminent, dont on ne saurait décliner l'autorité en semblable matière, M. Émile de Girardin, écrivait, le 5 octobre dernier, dans la *Presse* : « Je croyais voir à Mettray le coûteux échec d'une philanthropie » impuissante... Aussi quelles ne furent pas ma surprise et ma satisfaction... » de voir l'ordre le plus parfait, l'économie la plus stricte,... et de n'apercevoir nulle part, je ne dirai pas la trace du luxe, mais seulement d'une » fausse dépense,... ainsi que j'ai pu m'en convaincre en lisant tous les » livres de comptabilité ouverts devant moi !... »

1 fr. 32 c. par enfant ! Mais dans le pénitencier de Paris la dépense ne s'élève qu'à 1 fr. 17 c. ; cela est vrai : laissons répondre les directeurs. « Le pénitencier de Paris » renferme plus d'enfants que Mettray, ce qui rend les » frais généraux moins lourds par tête de colon. Pour la » nourriture et l'habillement, d'ailleurs, les chiffres sont » à peu près les mêmes. La différence vient du plus grand » nombre de surveillants : à Paris les enfants sont renfer- » més, à Mettray aucun mur ne garde les colons (et c'est » une des bases morales du système qui y est suivi); » la surveillance y nécessite une dépense plus élevée. » (*Rapp. de* 1843, *p.* 49). Cette réponse n'est pas acceptée par tous, et quelques personnes se plaignent précisément de ce que le personnel est trop nombreux. Ce reproche a encore été prévu par les directeurs, auxquels on ne peut faire aucune objection qu'ils ne se la soient d'abord adressée à eux-mêmes. « On aurait raison, disent-ils (*Rapp.* » *de* 1844), s'il s'agissait d'un simple établissement de » travail, s'il ne fallait qu'enseigner une industrie. Dans » une manufacture un seul contre-maître, placé sur une » estrade, peut surveiller 30 ouvriers travaillant dans le » même atelier. Mais la morale ne s'enseigne pas comme un » métier ; il faut d'autres précautions, d'autres soins pour » changer le cœur d'un enfant que pour exercer ses doigts. » Sans parler de la difficulté de surveillance qu'entraînent » les travaux des champs, les soins d'une ferme, où les tra- » vailleurs sont dispersés, substituer de bons sentiments » à de mauvais, c'est une œuvre qui ne saurait s'accom- » plir sans des efforts multipliés, et l'emploi, pour ainsi » dire, d'un surveillant pour chaque enfant à surveiller. » C'est au surplus l'enseignement qui nous est donné par » la religion sous le pieux et consolant emblème de l'ange » gardien. » (P. 13, 14.)

Tous ceux qui, comme moi, voient dans l'école des contre-maîtres non-seulement un complément indispensable de Mettray, mais une institution des plus remarquables, si on l'envisage seule; tous ceux-là, dis-je, souhaiteront ardemment qu'elle puisse s'étendre, bien loin de se plaindre du nombre de ses élèves.

XIII. On s'étonne encore que Mettray, qui ne manque ni de bras, ni de capitaux, ne produise pas davantage. Les rapports de M. Gouin (*V. notamment Rapp.* 1846, *p.* 38) prouvent par des chiffres que chaque année le produit augmente; et l'agriculture seule en 1845, grâce à l'excellente direction qu'elle a reçue, a rapporté 67,000 fr. bruts pour un fermage de 11,360 fr. Comment veut-on d'ailleurs que le travail des enfants (surtout aux ateliers) soit très-lucratif, dans un établissement qui est condamné par sa nature à faire continuellement des apprentis qui le quittent, et sont placés au moment où, devenus de bons ouvriers, ils pourraient le couvrir de ses sacrifices et de ses avances? (*Rapp. de* 1842.)

Il ne faut pas se laisser effrayer par des chiffres, ils sont souvent trompeurs; ils le sont d'autant plus qu'ils paraissent moins susceptibles de l'être. On a dit d'un illustre économiste de nos jours que *jusqu'à lui les chiffres n'étaient que des nombres*, qu'*il en avait fait des raisons.* Je ne nie assurément pas cette puissance de la statistique, mais elle n'est pas partout bien placée, et je m'en défierai surtout lorsqu'il s'agira de juger le résultat d'une institution morale. Pour apprécier si une spéculation est bonne, le meilleur comme le plus simple moyen est, sans doute, de faire la balance de ce qu'elle a coûté et de ce qu'elle rapporte; mais s'agit-il donc ici d'une spéculation? La dépense peut s'évaluer en chiffres: en est-il de même du rapport? Par quelle formule algébrique évaluer ce que Mettray produit, à savoir des hommes laborieux, religieux, honnêtes? Il y a peu de temps un des plus éminents collaborateurs de ce journal, M. le vicomte de Villeneuve-Bargemont, dans un curieux mémoire à l'Académie des sciences morales, supputait en chiffres le budget de l'immoralité, le bilan des péchés capitaux en France ; qu'on lise ce mémoire, et qu'on calcule ce que Mettray rapporte en détruisant le vice dans tant de jeunes âmes dépravées. Ah ! ce ne sont pas les grandes dépenses qu'il faut craindre, mais les dépenses folles ; et c'est pitié, comme le disent les directeurs, de vouloir faire à la fois une bonne affaire et une bonne action. Pour moi, pénétré d'admiration pour le bien qu'a produit Mettray, je ne regarde pas comme exagérées les sommes qu'il a coûté et qu'il coûte encore ; et je conjure ceux qui trouvent ces sommes excessives, je les conjure au nom de la société ou du bien public, de se mettre à l'œuvre, et de donner les plans d'un second Mettray à meilleur marché !

XIV. Il me reste à réfuter des objections qui portent non plus sur des détails, mais sur tout l'ensemble de l'institution.

Il est, en premier lieu, des personnes (j'en connais) qui condamnent Mettray tout entier par ce seul mot : *c'est du charlatanisme*. Il est vrai que toute autre institution charitable est jugée par eux avec la même sévérité. Je veux parler de certaines gens graves et sensés, selon le monde, que je traiterais avec moins de respect s'ils étaient moins de bonne foi : ils prétendent connaître les hommes à fond, et les méprisent ; ils regardent comme la première des vertus cette froide prudence qui consiste à se défier de la vertu même, à ne plus croire au bien parce qu'il est des méchants, ni à la vérité parce qu'il est des menteurs : cela s'appelle être sans illusions. Tout ce qui est œuvre de dévouement leur paraît suspect ; tout ce qui est œuvre de charité leur paraît hypocrite, tout projet un rêve, toute action une comédie. Ils aiment cette erreur qu'ils nomment sagesse, et préfèrent se tromper dix fois que d'être trompés une seule. Hélas ! la vraie vertu est-elle donc si rare qu'on ne sache plus la distinguer du vice qui en prend les dehors? en est-il comme de l'indépendance politique? C'est du charlatanisme! Voilà qui est bientôt dit, et qui dispense merveilleusement d'être charitable. Je m'avoue d'ailleurs impuissant à répondre, je ne puis que supplier ceux dont je parle d'aller demeurer quelques jours auprès des hommes généreux qu'ils appellent charlatans; et, s'ils ne sont pas convaincus et attendris par la vue d'un bien si véritable et d'un dévouement si sincère, je les plains, je ne saurais plus les blâmer.

XV. Mais venons-en à des objections plus sérieuses. Que d'efforts, dit-on, en faveur des prisonniers, pendant que tant d'hommes libres souffrent! faut-il donc être voleur pour devenir intéressant, et, pour être sans secours, les ouvriers sont-ils sans besoin? Leurs enfants ne peuvent-ils trouver un asile gratuit, apprendre un bon métier, recevoir une éducation solide qu'au prix de leur innocence? Ah! craignez qu'instruits par vous, les parents n'apprennent à leurs fils l'avantage et le bénéfice d'être scélérats! Cette objection court les rues, et ce qu'elle a de juste fait à bien des yeux disparaître ce qu'elle a de faux. Hâtons-nous d'abord de désavouer cette injure gratuite adressée aux classes ouvrières : non, non, un honnête ouvrier ne fera pas de son enfant un coupable pour lui procurer l'entrée d'une colonie agricole; et le parent qui, pour un aussi odieux calcul, corromprait son enfant l'aurait, croyez le, corrompu sans cela. Il est vrai que, sans s'occuper trop des prisonniers, on ne s'occupe pas assez de la classe ouvrière; mais à qui s'adresse ce reproche? Sans doute en premier lieu aux gouvernants : élevés par les faveurs de la politique, vivant dans ses agitations, renversés par ses crises, ils n'ont le temps, ni de résoudre, ni d'aborder les questions sociales.

En second lieu, ce reproche s'adresse à ceux mêmes qui le font. Pourquoi, si pénétrés d'une *injustice sociale*, ne consacrent-ils pas immédiatement à la faire disparaître la même énergie qu'ils emploient à la signaler? Mais les fondateurs de Mettray sont les seuls qui n'aient pas à répondre à l'objection dirigée précisément contre eux seuls, et c'est surabondamment qu'ils en prennent le soin dans leurs comptes-rendus. Ils n'ont pas prétendu défricher tout le champ, guérir toutes les plaies ; qu'on ne méconnaisse pas le bien fait, sous prétexte d'un plus grand bien à faire. C'est d'ailleurs là où le besoin était le plus urgent qu'ils ont dû, qu'ils ont voulu porter le remède.

Bien plus : ceux qui souhaitent la fondation d'institutions analogues pour les enfants autres que les jeunes détenus trouvent dans le succès de cette œuvre admirable pour leur opinion le meilleur argument, pour leurs vœux le plus consolant espoir. Se placer dans les conditions les plus défavorables pour résoudre un problème, et le résoudre, c'est donner à la solution la base la plus inébranlable. Une colonie d'enfants déjà viciés a réussi : comment douter du succès d'une colonie d'enfants honnêtes? Oublie-t-on d'ailleurs qu'il ne s'agit pas ici, après tout, de condamnés criminels, mais d'enfants *acquittés* comme ayant agi sans discernement? Mettray, avons-nous dit, est une maison d'*éducation correctionnelle* : on ne le comprendra jamais, si l'on n'y voit comme un compromis entre la prévention et la répression.

XVI. Et cette considération servira encore de réponse à ceux qui se plaignent que le régime est trop paternel, à ceux pour qui tout système pénitentiaire se résume en ce mot : intimidation ; encore une fois, il s'agit d'enfants à élever, il faut que les jeunes détenus des maisons centrales regardent comme une récompense d'être admis à Mettray.

Il est singulier qu'on fasse contre la même institution des objections radicalement contraires ; c'est ce qui a lieu ici.

L'école sociétaire (1) voudrait voir le régime plus doux,

(1) *Mettray et Ostwald*, par M. Cantagrel, rédacteur de la *Démocratie pacifique*.

offrant plus d'*attrait*. De ce que les uns trouvent Mettray trop sévère, les autres trop indulgent, ne faut-il pas conclure qu'il n'est ni trop sévère, ni trop indulgent? Qu'on juge d'après les détails que nous avons donnés précédemment sur le régime qui y est suivi.

XVII. Il est encore des écrivains qui regardent Mettray comme fort imparfait, comme un *embryon*, tandis que d'autres le regardent comme trop parfait, et craignent qu'il ne puisse être imité : les uns adressent un grand éloge à Mettray en avouant qu'on ne peut obtenir mieux, et les autres ne le louent pas moins en lui demandant mieux; car on n'a le droit d'être si exigeant qu'envers ceux qui font très-bien. Mais discutons ces avis si opposés.

Qu'on me permette de le dire, il ne faut pas, pour bien juger Mettray, chercher dans cette institution ce qui n'y est pas; qu'un établissement ne réponde pas au plan qu'on s'en est fait d'avance, lorsqu'il a été créé sur un tout autre plan, quoi d'étonnant? Or, c'est là, si je ne me trompe, le point de vue mal choisi qui a égaré certains jugements: on croit que Mettray est une colonie essentiellement agricole, que l'agriculture en est le but : on le visite avec cette idée ; puis l'on voudrait trouver des procédés modèles, des bestiaux modèles, des instruments modèles, des engrais modèles et probablement y voir mûrir des récoltes modèles. Je suis trop ignorant pour juger si l'on pourrait mieux cultiver qu'à Mettray; mais, tout en reconnaissant, comme je crois l'avoir fait, l'immense place qu'y tient l'agriculture, je ne vois là qu'un des moyens, non le but de l'institution; je suis venu visiter un établissement pénitentiaire, non une ferme modèle; je suis à Mettray (1), non à Grignon.

M. Cantagrel, dont la brochure, déjà citée, est d'ailleurs si intéressante et si favorable à la colonie, me

(1) J'ose à peine dire que Mettray n'est pas une ferme modèle, elle l'est devenue depuis un an; mais ceux à qui je réponds l'avaient visité avant cette époque.

parait avoir trouvé, dans un point de vue également préconçu, le germe d'objections que je ne crois pas fondées. « Un grand inconvénient, dit-il, c'est que Met-» tray n'est pas une institution permanente où les co-» lons puissent vivre et se fixer; » en d'autres termes, que Mettray n'est pas autre chose que Mettray. Il est vrai qu'il a la bonne foi d'ajouter : « Cela tient à la nature » de l'institution. » Mais il insiste sur l'imperfection de Mettray. Ah ! je sais pourquoi ; c'est qu'il aurait voulu y voir un essai de « détermination des conditions de l'asso-» ciation des individus, des familles et des classes dans la » *commune*, élément *alvéolaire* de l'État et de la société,» molécule du corps social, en un mot, un petit *phalanstère de jeunes Harmoniens*. Non, j'en conviens, ce n'est pas un phalanstère ; est-ce un défaut, on peut en accuser Mettray. Non, « on n'y poursuit pas une épreuve intégrale » ayant directement en vue la transformation des rapports » sociaux. » Ses fondateurs n'ont pas eu cette prétention, et, pour ma part, je les en remercie. Mais, après tout, ils ont fait, ce me semble, une large et féconde application du principe de l'association ; ils méritent sur ce point et ils obtiennent les louanges de l'école sociétaire, et prouvent à ceux qui n'en partagent pas les doctrines qu'on sait, hors de ses rangs, aimer, comprendre et pratiquer cette grande idée chrétienne. Nous plaindrons-nous avec M. Cantagrel qu'il n'y ait jusqu'ici dans cette association « d'autres intérêts, d'autre stimulant individuel, d'autre » motif d'émulation que le plaisir moral de bien faire, la » gloire d'être inscrit sur le tableau d'honneur ? » Demanderons-nous qu'en outre les enfants « connaissent plus » exactement *leur valeur proportionnelle*, c'est-à-dire, » le plus ou moins d'argent que chacun coûte en dernière » analyse à la colonie, » et soient rangés selon cette mesure commune ; « que les fonctions soient variées, que » chaque colon concoure alternativement dans plusieurs

» groupes de travailleurs.... ; que tous les travaux soient » distribués en groupes *échélonnés*, en séries *hiérarchisées*, » en corporations rivales et libres?.... » Si je comprends bien le vœu émis par M. Cantagrel, je dois m'étonner qu'il l'ait fait; car je crois que ce vœu a été, dans ce qu'il a de possible, pleinement réalisé à Mettray.

Les enfants sont rangés selon leur conduite, selon leur travail. Or, le profit que la maison tirera de l'enfant sera ordinairement en raison directe de la bonté de son travail: en sorte que la *mesure morale* de l'enfant, si je puis employer ce terme, sera en même temps sa *valeur proportionnelle*. Lorsqu'il n'en sera pas ainsi, lorsqu'un enfant laborieux et peu habile rapportera moins et coûtera plus qu'un enfant habile et peu laborieux, c'est assurément de la mesure morale qu'il faudra tenir compte; non de ce que chacun fait, mais de ce que chacun veut faire : gardons-nous d'estimer trop souvent en chiffres, ce que vaut un homme; les chiffres n'ont pas de moralité. Est-il vrai de dire qu'on n'étudie pas assez l'aptitude des jeunes colons (1)? Je réponds qu'en ce point encore on fait ce qu'il est possible de faire. Quoi! on demande aux directeurs d'essayer la vocation de 400 enfants! assurément ils voudraient bien pouvoir le faire; mais ils n'en ont pas toujours ni la faculté, ni le temps. A quel signe reconnaître qu'un enfant de dix ou quinze ans, qui n'a pas même le goût du travail, a le goût de tel ou tel état, qu'un enfant, dont la courte vie s'est le plus souvent passée dans le vagabondage, éprouve un irrésistible attrait pour raboter le bois ou labourer la terre? Combien faudra-t-il de temps pour étudier cette vocation? « Permettez du moins aux enfants de changer d'atelier, de varier » leurs fonctions, vous doublerez ainsi l'émulation et par-

(1) Je lis, au *Rapport de* 1843, « qu'on tient compte des vocations, qu'on fait continuer aux colons, quand cela est possible, les métiers commencés aux maisons centrales. . . » (Page 21.)

» tant l'attrait dans le travail... » Je ne nie pas le bon effet de cette mesure; ce que je nie, c'est que M. Cantagrel puisse faire à Mettray le reproche de ne la point admettre. Ses habiles directeurs se rappellent qu'un changement peut être un caprice aussi bien qu'un besoin; ils savent que changer plusieurs fois, *sur sa demande, un enfant d'atelier* pendant son apprentissage, qui souvent ne dure que trois ans, c'est l'exposer à lui faire essayer plusieurs métiers sans qu'il en apprenne aucun. Mais ils ont à coup sûr trouvé le moyen le plus ingénieux de concilier les avantages de la variété des fonctions avec le danger de la versatilité des enfants. Laissons-les parler eux-mêmes (*Rapp. de* 1843, *p.* 18) : « Quoique nous consultions les aptitudes des tra- » vailleurs dans le choix de leurs occupations, nous n'en » sommes pas moins exposés à des demandes de chan- » gements......... Nous avons posé en principe que, pour » qu'il soit fait droit à ces réclamations, il fallait que le » colon fût placé dans les trois premiers de son atelier, et » inscrit au tableau d'honneur; n'étant pas découragé par » un refus formel, et ne voyant qu'un ajournement à » l'accomplissement de ses désirs, l'enfant se remet au » travail avec plus de zèle, et bientôt atteint le rang » dont *nous* avions fait la condition de son changement. » Mais alors, ayant vaincu les plus grandes difficultés du » métier, flatté des résultats qu'il obtient, satisfait de la » petite rémunération accordée en pareil cas, et des éloges » qu'il reçoit, il est le premier à vouloir persévérer dans » l'état qui lui a valu ces avantages. Nous préservons ainsi » nos enfants de cet esprit de versatilité qui porte à chan- » ger d'état, et rend souvent impropre à en exercer » aucun. »

XVIII. Nous n'en avons pas fini avec les objections; il en est une qui renferme à la fois la critique la plus grave de l'institution et l'éloge le plus flatteur envers les hommes éminents qui l'ont fondée.

On craint que Mettray, son succès, sa durée, sa faveur ne reposent uniquement sur le dévouement admirable, sur l'intelligence éminente, sur la haute considération de MM. Demetz et de Brétignères; après eux l'institution ne pourra que déchoir, sans eux aucune maison semblable ne pourra être fondée. Les fondateurs de la colonie seraient assurément plus désolés que personne qu'on pût ajouter foi à un reproche qui leur fait tant d'honneur. La fondation et la prospérité d'établissements analogues (1) est la meilleure réponse à ce reproche. Mais, quand même ces fondations m'auraient été inconnues, j'aurais fermement cru cependant que Mettray, qui n'aurait point été fondé sans MM. Demetz et de Brétignères, pouvait être continué et imité sans eux; je l'aurais cru, non-seulement parce que la même foi qui les a fait agir inspirera toujours à d'autres cœurs généreux la contagion d'un si noble exemple (2); mais encore parce qu'eux-mêmes ont pourvu à la durée de leur œuvre avec une prévoyance égale à leur dévouement; en fondant l'école des contre-maîtres, ils ont formé une admirable pépinière de directeurs de colonies agricoles et pénitentiaires : ils ont là des disciples auxquels ils laisseront l'héritage sacré de leurs exemples, de leurs leçons, et la tradition du système simple et excellent qu'ils pratiquent devant leurs yeux avec leur concours.

XIX. Un système! c'est précisément ce qui manque à Mettray! La colonie ne repose point sur un « système fonctionnant, se soutenant de lui-même et se perpétuant *proprio motu!* » Et c'est pour cela que M. Cantagrel, dont je cite les paroles, redoute la dégénérescence de Mettray après la mort de ses directeurs, qu'il loue sans doute comme

(1) Avant 1846, Mesnil-Saint-Firmin, Petitbourg, Caen, Allonville, Saint-Antoine, le Petit-Mettray, Marseille, la Basse-Camargue, Montbelley, Bonneval, le Petit-Quevilly, Montmorillon, Saint-Ilan. (*Rapp.* 1845.)

(2) Déjà M. le vicomte Fernand de Villiers, neveu de M. de Brétignères, a ambitionné et obtenu l'honneur de devenir directeur-adjoint de la colonie.

ils le *méritent*, *mais auxquels il reproche*, dans les idées, « une confusion, une indécision et des contradictions fort » regrettables, si elles sont réelles. » Pourquoi ne pas le dire plus ouvertement? il voudrait que MM. Demetz et de Brétignères fussent phalanstériens, nous l'avons déjà remarqué, et ils ne le sont pas. Ils savent combien l'école sociétaire renferme d'hommes de talent, de conviction, de dévouement; ils rendent un hommage mérité aux travaux remarquables et utiles qu'ils produisent dans le but de régénérer par l'association les conditions du travail, à côté de théories qu'en vérité on ne prend au sérieux que par respect pour les écrivains qui les professent. Mais ces écrivains ne peuvent exiger qu'on se charge pour eux d'expérimenter des méthodes qu'eux-mêmes n'ont pas encore appliquées, de résoudre un problème dont eux-mêmes ils n'ont pas donné de solution pratique. On craint que Mettray ne puisse être ni continué, ni imité après ses fondateurs; puis tout à la fois on voudrait qu'ils eussent employé des *combinaisons nouvelles*, des *dispositions scientifiques*. N'y a-t-il pas là une vraie contradiction? Les moyens mis en œuvre par MM. Demetz et de Brétignères ne seront ils pas d'autant mieux continués, d'autant mieux imités qu'ils sont plus naturels, moins scientifiques, moins compliqués? En se servant pour leur œuvre de méthodes simples et d'idées déjà éprouvées, ils en ont assuré le progrès et la perpétuité. Ils n'ont point sans doute écrit leur système sur le papier, ils ne l'ont point énoncé en théories, ils l'ont mis en action avant de le mettre en formules. Leur premier acte a été de se dévouer; Dieu est près de ceux qui se dévouent, et ils font aisément partager leur foi au succès de leurs entreprises : foi dont ils donnent, en en répondant sur eux-mêmes, le plus éclatant témoignage. Dès le début, leur établissement, comme on l'a vu, a été posé par eux sur ces grands moyens : l'habitude de la discipline, l'amour du travail, l'émulation de l'exemple, l'esprit de famille, la pratique de la religion, bases éternelles qui constituent, quoi qu'on en dise, un *système* solide et complet... « L'Évangile, la religion et la discipline » sont des moyens précieux, excellents; mais pense-t-on » qu'on ne puisse rien ajouter à ces moyens, qui n'ont pas » suffi jusqu'ici apparemment pour faire pratiquer la morale? » Oui, vraiment, je le pense. Ces moyens *n'ont pas suffi jusqu'ici pour faire pratiquer la morale;* par qui? par ceux qui ont rejeté ces *moyens*, auxquels on est toujours libre de se soumettre ou de se soustraire; mais ils ont pleinement suffi pour faire pratiquer la morale quand ils ont été non-seulement respectés, mais pris au sérieux, sérieusement suivis. Mettray même en est une preuve; les détails de cette notice démontreront, je l'espère, que les *moyens* dont on parle ont suffi, ont réussi; et la Providence, je n'en puis douter, donnera le même succès à ceux qui, animés du même dévouement, emploieront avec confiance le même système à la fondation d'établissements analogues.

XX. J'ai essayé de décrire et de juger Mettray. Puissé-je avoir fait partager toute l'admiration que j'éprouve pour cette institution admirable et pour ses généreux fondateurs! On peut leur dire ce que M. le ministre de l'instruction publique exprimait si dignement en s'adressant à d'autres hommes de bien : « Messieurs, je ne vous loue » pas; car vos services ne sont pas gratuits; vous êtes » payés de vos œuvres par vos œuvres même, par leur » réalisation, par leur succès! » Qu'ont besoin d'ailleurs de nos éloges des hommes qui ont agi sous une inspiration sincèrement chrétienne, seule force capable d'expliquer et de produire une telle constance de dévouement, une telle suite de sacrifices? Si, sans les louer, nous voulons les remercier, il en est une bonne manière, c'est de faire connaître leur œuvre et de la seconder.

Déjà de puissants appuis leur sont venus en aide. La

famille royale est inscrite en tête des souscripteurs. Je ne parle pas de l'assistance du gouvernement ; c'est presque une obligation pour lui de seconder ceux qui se chargent, à sa place, d'exécuter les vœux de la loi. Est-il besoin de dire que Mettray a reçu du clergé et particulièrement de monseigneur l'archevêque de Tours l'approbation la plus complète? Plusieurs évêques ont souscrit; des prédicateurs éloquents, et en première ligne le R. P. Lacordaire, ont prêché pour la colonie : le clergé applaudit lorsqu'il voit la charité se faire laïque; il sait, pour citer encore un mot heureux de M. le ministre de l'instruction publique, il sait qu'*elle sort de la foi* et qu'*elle y ramène*. Un grand nombre de conseils généraux et municipaux, des jurys, des colléges, etc., se sont associés à cette grande œuvre. Les magistrats surtout ont montré pour elle un extrême intérêt; il est fondé sur deux motifs : l'estime pour leur ancien collègue, M. Demetz, et surtout le désir de réparer le mal involontaire qu'ils faisaient chaque jour en n'exécutant pas la loi dont Mettray vient combler la regrettable lacune. On sait avec quelle admirable libéralité M. le comte d'Ourches a contribué à la fondation de la colonie, que le respectable M. Giraud et madame Hébert ont encore si généreusement dotée; enfin une grande partie de ses ressources a été prélevée sur cette bourse commune de la charité publique, toujours ouverte et toujours inépuisable. Bénis soient ceux dont la bienfaisance intelligente a secondé une fondation où la morale trouvera tant de profit et la France tant d'honneur! Grâce à leur concours, des milliers d'enfants arrachés au vice et à l'ignorance sauront le prix de l'honnêteté et du travail : le premier usage de leur instruction sera de lire sur les murs de la chapelle les noms de ceux auxquels ils sont si redevables, comme le premier élan de leur cœur sera d'appeler sur ces bienfaiteurs les bénédictions de Dieu, que, sans eux, ils n'auraient peut-être jamais connu, jamais prié. Qu'une si douce espérance, que de si nombreux exemples procurent à la colonie de nouveaux protecteurs!

Celui qui écrit ces lignes serait vraiment heureux s'il pouvait inspirer à quelques-uns de ses lecteurs le désir de soutenir Mettray, ou seulement de le visiter; car qui l'a visité ne peut s'empêcher de le soutenir. On ne saurait y passer quelques heures sans éprouver les plus nobles, les plus délicieuses impressions. Ces petites maisons groupées régulièrement au pied de cette belle église, dont la flèche élancée montre de loin aux étrangers la colonie, et à la colonie le ciel, cet aspect extérieur si calme, si simple, est comme l'image de cet ordre admirable produit au dedans par l'alliance du travail et de la discipline sous l'empire de la religion. Si les yeux sont surpris, l'esprit est intéressé, le cœur ému, lorsque, pénétrant plus avant dans les détails de cette institution, on voit tant d'intelligences se dévouer avec ardeur, tant de moyens fonctionner avec harmonie pour atteindre un même but. Oh! que ce but est honorable et saint entre tous : réparer le mal, préparer le bien, régénérer des hommes, les rendre dignes de leur nature, de l'humanité, de la patrie, dignes enfin de Celui qui *a fait les hommes et les nations guérissables*, de Celui vers lequel il ne se peut qu'à ce spectacle l'âme ne s'élève, pénétrée, attendrie, pour lui demander de bénir encore cette œuvre que seul il inspira, et que seul il peut récompenser!

Augustin COCHIN,
Docteur en droit.

Imprimé par Plon frères, 36, rue de Vaugirard.

www.ingramcontent.com/pod-product-compliance
Lightning Source LLC
LaVergne TN
LVHW020056090426
835510LV00040B/1701